AF455861

STATUTS
ET
ORDONNANCES
DES
MAISTRES ROTISSEURS
DE LA VILLE
ET FAUXBOURGS DE PARIS.

A PARIS,

Chez J. Boüillerot, Imprimeur-Libraire du Grand Conseil, ruë S. Jacques, prés la Fontaine Saint Severin, au Prophete Jeremie, & à l'Ecrevisse Royale.

M. DCCV.

STATUTS ET ORDONNANCES

DES MAISTRES ROTISSEURS de la Ville, Fauxbourgs, & Banlieuë de Paris, confirmés de Roys en Roys.

OUIS PAR LA GRACE DE DIEU ROY DE FRANCE. Sçavoir faisons à tous presens & advenir, Nous avons receu l'humble supplication des Maîtres Rotisseurs estans en nostre bonne Ville & Cité de Paris, contenant, que comme ainsi soit qu'icelle nôtre Ville de Paris soit grande, & en longue étenduë, peuplée en si grand nombre de

Verifiée par le Roy François à S. Germain en L. ye 1526

gens, que c'est chose inestimable, & en laquelle affluent chacun jour plusieurs de diverses nations & contrées, pourquoy & pour fournir en partie aux vivres d'iceux est chose très-necessaire avoir en plusieurs & divers lieux d'icelle nôtre Ville & Cité de Paris gens experts, & non suspects pour à ce subvenir, à l'occasion de quoy fût permis ausdits Suplians & leurs predecesseurs, de lever & ériger en nôtre Ville & Cité de Paris, ouvroüers & fenestres pour rostir & vendre toutes Chairs, Gibiers, & Vollatilles bonnes pour l'usage du corps humain, sous toutesfois les Statuts & Ordonnances qui ensuivent.

C'est l'Ordonnance du Mestier des Oyers & Maîtres Rotisseurs de la Ville & FauxBourgs de Paris.

I.

Que tous ceux qui voudront tenir ouvroüers & fenestres ouverts à vendre toutes Viandes habillées, lardées, en poil, en plumes, rosties, & prestes pour l'usage du corps humain, avant qu'il puisse tenir lesdits ouvroüers & fenêtres, sera experimenté par les Maistres Jurez dudit Mêtier, à ce connoissans, s'il est expert pour ledit Mêtier, & sera tenu de payer avant que tenir son ouvroüer, Fenestre, 40 sols parisis au Roy nôtre Sire, & aux fils de Maistres qui seront receus par lesdits Jurez, seront tenus payer vingt sols parisis seulement au Roy nôtre Sire.

Seconde verification de Henry II. à Nogent sur Seine, du mois de May 1548

II.

Que nulle autre personne de quelque etat & condition qu'il soit, ne puisse habiller & vendre viande qui aye eu odeur de feu; fors tant seulement lesdits Maîtres Rotisseurs.

III.

Que nul ne puisse prendre valet audit Mêtier d'oresnavant, s'il n'a esté apprentif audit Mêtier deux ans, ou s'il n'est fils de Maistre, & expert audit Mêtier. Et s'il avenoit qu'aucun fils de Maistre fût institué audit Mêtier, & il ne sçût rien dudit Mêtier, il sera tenu de prendre à ses dépens un des Ouvriers dudit Mêtier qui en seront experts, jusqu'à temps qu'iceluy fils de Maistre le sçache convenablement exercer, au dit des Maistres Jurez dudit Mêtier, & qui fera le contraire il payera dix sols d'amende; C'est à sçavoir, six sols parisis au Roy, & quatre sols parisis aux Maîtres Jurez dudit Mêtier pour leur peine.

IV.

Que chacun apprentif qui sera mis audit Mêtier, le Maistre chez qui il sera mis payera dix sols parisis au Roy, & quatre sols parisis aux Maistres Jurez dudit Mêtier.

V.

Que nul ne puisse avoir qu'un apprentif, sur peine de dix sols parisis d'amende, six sols parisis au Roy, & quatre sols parisis aux Maistres Jurez.

VI.

Troisiéme verificatiõ de François II. à Amboise 1559.

Si quelque M[e] a un valet à loyer, qu'un autre ne le fortraye, reçoive & alloüe, jusques à temps qu'il ait fait son terme, si ce n'est du gré de celuy à qui il s'est alloüé, sur peine de vingt sols parisis d'amende; c'eſt à ſçavoir treize ſols quatre deniers au Roy, & ſix ſols huit deniers pariſis auſdits Maiſtres Jurez Rotiſſeurs.

VII.

Que nul Maiſtre n'achette nulle Poullaille, Sauvagine, & autres viandes appartenant audit Meſtier, fors aux places & lieux accoûtumez, & ne voiſent contre les Marchands Forains pour les achetter, ni faire compagnie de Marchandiſe, ſur peine de dix ſols pariſis d'amende, & de forfaire la Marchandiſe qu'ils achetteront hors des lieux deſſuſdits, leſquels dix ſols pariſis ſeront payez en la maniere deſſuſdite.

VIII.

Que nul ne cuiſent ou rotiſſent leſdites Viandes ſi elles ne ſont bonnes & loyalles, & à manger, & pour vendre, & ayant bonne moëlle, ſur peine deſſuſdite.

IX.

Que nul ne puiſſe garder Viande cuitte plus d'un jour pour vendre & achetter, & ce ſur les peines cy-deſſus.

X.

Que nul ne cuiſe chair de Bœuf, de Mouton, Agneau, ni de Porc, ſi elle n'eſt bonne & loyalle, à bonne moëlle, ſur les peines deſſuſdites.

XI.

Quatrième verifition de Henry III à Paris 1575.

Que toutes viandes qu'ils vendront ſoient cuittes & appareillées bien & ſuffiſamment, & celuy des Maîtres chez qui ſera trouvé aucune choſe de Viande où il y aye aucun reproche, qu'ils ſoient condamnez à ardoir, & luy tenu payer ladite amende, & auſdits Jurez toutesfois qu'aucun en ſera repris.

XII.

Que le tiers des amendes qui ſeront levées afferant à la portion des Maîtres dudit Mêtier pour les cauſes deſſuſdites, ſoient pour ſoûtenir les pauvres vieilles gens dudit Mêtier, qui ſeront décheus pour fait de Marchandiſe & de vieilleſſe.

XIII.

Si aucune perſonne eſt devant l'ouvroüer & feneſtre deſdits Maîtres Rotiſſeurs, pour Marchandiſes, ou achats desdites Viandes, qu'autre Maistre ne le puisse appeller devant qu'il soit parti de son gré dudit ouvroüer & fenestre, & ce sur peine de cinq sols parisis, trois sols au Roy, & deux sols parisis ausdits Maistres Jurez.

XIV.

Que nul ne doit blâmer la Viande l'un à l'autre, si elle est loyalle & bonne, sur peine de cinq sols parisis d'amende.

XV.

Que nul desdits Maistres Rotisseurs ne puissent sondit ouvroüer & fenestres ouvrir aux quatres bonnes Festes de l'an; c'est à sçavoir Pasques, Pentecoste, Toussaints, & Noël, & aux quatre Fêtes de la benoite Vierge Marie en l'année, pour rostir aucune Viande, & ce sur peine de vingt sols parisis appliquée au Roy nôtre Sire. Et pour ce qu'audit Mêtier se peuvent commettre & faire plusieurs fautes & abus au danger du corps humain, préjudice & dommage de la chose publique, & de Nôtre Ville & Cité de Paris, Nous ont iceux sup-

Cinquiéme verification de Henry IV. à Paris 1594.

plians fait instamment supplier requerir d'avoir lesdits Statuts & Ordonnances pour agreables, & en iceux les entretenir & confirmer selon leur forme & teneur, requerant sur ce nos graces & liberalité leur estre par nous impetrée : Pour ce est-il que nous inclinant liberalement à la supplication & requête desdits supplians, voulans par ce nôtre Ville & Cité de Paris estre entretenuë & gardée en bonne Police & Ordonnance & ayant lesdits articles cydessus interpretez, & le contenu en iceux pour agreables. Iceux avons loüé, approuvé & ratifié, loüons & ratifions, & approuvons entand que est ou seroit, les statuons de nouvel de nostre grace speciale, pleine puissance & autorite Royale, donnez & octroyez, donnons & octroyons par ces Presentes, voulons & nous plaist que d'oresnavant ils & leurs successeurs au temps à venir en joüissent & usent pleinemẽt & paisiblement sans contredits quelconques, tout & ainsi, & par la forme

&

& maniere qu'ils en ont par cy-devant bien & dûëment joüi & usé. Si donnons en mandement par cesdites Presentes au Prevost de Paris, & à tous nos autres Justiciers ou à leurs Lieutenans presens & advenir, que de nos presentes confirmation, octroy & concession, ils laissent & souffrent lesdits supplians & leurs successeurs joüir & user pleinement & paisiblement quelconques, ne aussi leur faire mettre ou donner, ne souffrir estre fait, mis ou donné excés, & pour le temps advenir aucun destourbement & empêchement. Au contraire, lequel si fait, mis ou donné leur étoit, ou auroit esté, se mettent & facent mettre incontinant & sans délay au premier état dû : Car ainsi nous plaist-il estre fait. Et à ceste fin que ce soit chose ferme & stable, Nous avons fait mettre nostre Scel à cesdites Presentes, sauf és autres choses nôtre droit & l'autruy en tout. DONNE' à Paris au mois de Mars, l'an de Grace mil cinq cent & neuf, & de nôtre Regne le douziéme.

Signé, par le Roy, à la relation du Conseil, Garbot, & scellée du grand Scel de cire verte, en lacs de soye verte & rouge.

Collationné à l'Original rendu par les Notaires Gardenottes au Chastelet de Paris, soussignez, ce vingt troisiéme jour de Février mil six cens vingt-huit.

MARION.

TVLLOVE.

LOUIS PAR LA GRACE DE DIEU ROY DE FRANCE ET DE NAVARRE. A tous present & advenir; Salut, Nos chers & bien amez les Maistres Rotisseurs de nôtre Ville de Paris, nous ont fait dire & remontrer que les feus Rois nos predecesseurs que Dieu absolve, auroient établi en Statuts & Jurande ledit Mêtier, afin d'empêcher les abus qui s'y pourroient commettre, avec tres-expresses inhibitions

& deffenſes à tous Poullailliers, Taverniers, & Cabaretiers, de vendre aucun Gibier, vollaille, ni autres viandes rôties, à peine de cinq cent livres d'amende, & de confiſcation deſdites Marchandiſes : neàntmoins aucuns Poullailliers qui font leurs reſidences dans ladite Ville & Fauxbourgs d'icelle, achettent & vendent dans ladite Ville des Vollailles & gibier pour vendre & regratter ſur icelle, encore qu'il leur ſoit enjoint par Sentence de nôtre Prevoſt de Paris, & confirmée par Arreſt de nôtre Cour de ſe tenir hors la Banlieüe de ladite Ville, & de n'achetter des Marchands qui ſont ſur les chemins pour venir dans ladite Ville, à peine de cinq cens livres d'amende, & de confiſcation d'icelle, à quoy tout le Public a notable intereſt, attendu qu'ils encheriſſent par ce moyen les Vollailles & Marchandiſes, qui cauſent la cherté ſur icelle, & les ayant achetté à bon prix, ils les viennent vendre comme s'ils eſtoient Marchands Forains, à quoy desirant remedier promptement, afin que tel abus ne puisse avoir cours à l'avenir, & faire joüir iceux Exposans pleinement & paisiblement de ce qui dépend de leursdites Maistrises, afin qu'aucuns ne puissent entreprendre sur la fonction d'icelles. A CES CAUSES, de l'avis de nôtre Conseil, qui a veu tous lesdits Statuts & Ordonnances cy-attachées sous nôtre contre-scel, & icelles trouvées justes & raisonnables, de l'avis d'iceluy, les avons de nôtre grace speciale, pleine puissance & autorité Royale, par ces Presentes signées de nôtre main, confirmé, loüé, ratifié & approuvé, confirmons, loüons, ratifions, & approuvons, voulons & nous plaist, que suivant & conformement à icelles, iceux Exposans joüissent & usent pleinement, paisiblement & perpetuellement de ladite Maîtrise, sans qu'aucuns puissent entreprendre sur ledit Mêtier de Rotisseur en quelque sorte & maniere que ce soit, faisant à ces fins tres-expresses inhibitions & deffenses à tous Poullail-

Sixième Confirmation de Loüis XIII. à Paris, au mois de Decembre 1610.

liers, Regratiers, Cuisiniers, Taverniers, Cabaretiers, & Patissiers, & autres personnes de quelque mêtier, qualité, ou condition qu'ils soient, d'entreprendre aucune chose de ce qui dépend de leurdite Maîtrise, à peine de cinq cens livres d'amende, & de confiscation de ladite Marchandise, enjoignans aux Rotisseurs d'aller en visitation par tout où besoin sera, afin d'empêcher lesdites fraudes & abus qu'ils n'ayent cours à l'avenir, & desquels Statuts & Privileges lesdits Exposans ont de tout temps & ancienneté bien & dûëment joüi & usé, joüissent & usent encore de present. SI DONNONS EN MANDEMENT à nos amez & feaux Conseillers, les Gens tenans nôtre Cour de Parlement à Paris, Prevost dudit lieu, ou son Lieutenant, & autres nos Officiers & Justiciers qu'il appartiendra; que de nos presentes grace, continuation, confirmation, & contenu cy-dessus ils fassent, souffrent, & laissent lesdits Exposans & leurs successeurs joüir & user pleinenement, paiſiblement & perpetuellement, ainſi que dit eſt, ſans en ce leur faire mettre ou donner, ne ſouffrir leur eſtre fait, mis, ou donné, créé, ne à l'advenir aucun trouble, deſtourbier, ne empêchement, lequel ſi fait, mis ou donné, leur avoit eſté ou eſtoit, l'oſtent, mettent, ou reparent, ou faſſent oſter & reparer au premier état & deub, voulant que pour l'entretennement d'icelles qu'elles ſoient criées à ſon de trompe & cry public par tout où beſoin ſera, afin que perſonne n'en pretende cauſe d'ignorance : CAR tel eſt noſtre plaiſir; & afin que ce ſoit choſe ferme & ſtable à toûjours, Nous avons fait mettre nôtre Scel à ceſdites Preſentes, ſauf en autre choſe nôtre droit & l'autruy en toutes. DONNE' à Paris au mois de Decembre, l'an de grace mil ſix cens dix, & de nôtre Regne le premier. Signé, LOUIS. Et ſur le reply eſt écrit ce qui enſuit, par le Roy. Bruſlard, *viſa contentor Deſporte.*

Ces Preſentes, enſemble l'Arreſt &

Sentence de verification ont esté registrées au dixiéme volume des Banieres, Registre ordinaire au Chastelet de Paris, pour y avoir recours quand besoin sera, ce requerant les Maistres Rotisseurs de cette Ville de Paris, pour leur servir & valoir en temps & lieu ce que de raison ; ce fût fait & registré audit Châtelet le Mardy quinziéme Mars mil six cens onze. Signé, REMY, Et au dos est écrit, ce qui ensuit.

Les Lettres Patentes écrites au blanc de l'autre part, & les inhibitions & défenses y mentionnées, & à la requeste des Maistres Rotisseurs de cette Ville de Paris, ont esté leuës, criées & publiées à son de trompe & cry public par cette Ville de Paris, & és Fauxbourgs Saint Jacques, & Saint Germain des Prez, par moy Simon le Duc, Juré-Crieur ordinaire du Roy, en la Ville, Prevôté, & Vicomté de Paris, soussigné, accompagné de Claude Poutteau, & Mathurin Noiret, Jurez-Trompettes dudit Seigneur, esdits lieux, & d'un autre

Trompette commis de Pierre Gilbert; ensemble l'Arrest de la Cour du dix-huitiéme jour de Février mil six cens onze, la Sentence de Monsieur le Prevost de Paris, ou Monsieur son Lieutenant Civil, portant l'enterinement des Presentes Lettres dattées du neuf Mars mil six cens onze, & certaine commission du douziéme jour dudit mois de Mars ensuivant, le tout cy-attaché, le Samedy vingt-trois jour d'Avril mil six cens treize, & ainsi que plus au long il est porté par un autre Procès verbal par moi soussigné, fait & baillé ausdits Maîtres Rotisseurs, pour leur servir & valoir ce que de raison. Signé, LE DUC.

Collationné à l'Original par Nous, Conseiller-Secretaire du Roy, Maison, Couronne de France, & de ses Finances.

BARRANGUE.

DECLARATION DU ROY,

EN FORME DE REGLEMENT,

En faveur de la Communauté des Maiſtres Rotiſſeurs de la Ville & Fauxbourgs de Paris.

Du 2. Decembre 1704.

Regiſtrée en Parlement le 14. Février 1705.

LOUIS PAR LA GRACE DE DIEU ROY DE FRANCE ET DE NAVARRE : A tous ceux qui ces Preſentes Lettres verront; SALUT. Par nôtre Edit du mois d'Aouſt mil ſept cent un, Nous avons ordonné que tous les Officiers de nôtre Royaume, dont les Offices sont hereditaires ou en survivance, demeureroient maintenus & confirmez dans l'heredité, à la charge de nous payer les sommes pour lesquelles ils seroient compris dans les Rôles qui seroient arrestez à cet effet, & les deux sols pour livre, qui leurs tiendroient lieu d'augmentation de finance; & par Arrest de nôtre Conseil du onze Juillet mil sept cent deux, Nous avons ordonné que ledit Edit seroit executé à l'égard des Communautez & Officiers, tant de Judicature qu'autres, qui ont fait réünir à leurs Corps & Communautez des offices, droits, ou taxations hereditaires, nonobstant la prétention où ils étoient de n'être point dans le cas de cette confirmation, en consequence desquels Edit & Arrests les Jurez, Corps & Communautez des Maîtres Rotisseurs de nôtre bonne Ville & Fauxbourgs de Paris ont esté employez pour la somme de seize mil six cens soixante & sept livres, & les deux sols pour livre, à cause des Offices de Sindics, Jurez, & d'Auditeurs des Comptes de leur Communauté créez és années mil ſix cens quatre vingt-onze, & mil ſix cent quatre vingt quatorze, dont nous leurs avons cy-devant accordé la réünion. Et comme par autre Edit du même mois de Juillet 1702. Nous avons créé pour chaque Corps des Marchands, & Communautez d'Arts & Mêtiers de nôtre Royaume un Treſorier, Receveur & Payeur de leurs deniers communs, leſdits Rotiſſeurs voulant nous donner des marques de leur zele pour nôtre Service, & de leur ſoumiſſion reſpectueuſe à nos volontez, & conſiderant auſſi qu'il ne pouvoit y avoir rien de plus avantageux pour leur Communauté que d'y réünir pareillement ledit Office de Treſorier, avec les droits qui y ſont attachez, & les gages tels qu'ils nous plaîroit d'y attribuer, ils nous auroient tres-humblemét faït ſupplier de nous contenter d'une ſomme de trente mil livres, & de trois mil livres pour les deux ſols pour livre, tant pour la finance dudit Office de leur Treſorier, dont ils nous auroient demandé la reünion , que pour la confirmation d'hereditè de ceux déja réunis, laquelle proposition & offre nous avons bien voulu accepter, & en consequence Nous avons ordonné par Arrest de nôtre Conseil du vingt-sept Février dernier, qu'en payant par eux lesdites sommes dans certains termes, ils joüiront du benefice de ladite confirmation, & dudit Office de Tresorier qui demeureroit uni & incorporé à leur Communauté, avec les droits, privileges & exemptions y attribuez, & de cinq cent livres de gages actuels & effectifs par chacun an, à commencer du premier du mois de Janvier mil sept cent trois, même leur avons permis d'emprunter lesdites sommes en tout ou partie; mais parce qu'ils ne sont pas assurez de trouver à emprunter, ils croient qu'ils seront obligez de lever sur eux mêmes, & sur les Privilegiez de leur Profession, qui lotissent comme eux sur le marché, par forme de prest ce qui pourra leur manquer; laquelle levée ils ne peuvent faire sans nôtre permission. D'ailleurs jugeant necessaire de pourvoir à ce que les arrerages ou interests des sommes qu'ils ont empruntées ou emprunteront du Public, ou qu'ils leveront sur eux-mêmes soient exactement payez, & qu'il puisse y avoir de temps à autre du revenant bon pour l'employer à l'extinction du principal, ce qui ne se peut qu'en imposant quelques droits nouveaux, & en se prescrivant des Reglemens qui les maintiennent dans une exacte discipline, & empêchent les abus qui détruisent ordinairement les Communautez les mieux établies, ils ont pris entr'eux, sous nôtre bon plaisir, le vingtiéme jour d'Aoust dernier une deliberation contenant quelques dispositions qu'ils desireroient qu'il nous plût autoriser en execution de nôtre Edit du mois de Juillet mil sept cent deux qui porte qu'il sera fait des Reglemens convenables à chaque Communauté, & à l'utilité publique, & voulant favorablement traiter ladite Communauté des Maîtres Rotisseurs de nôtre bonne Ville & Fauxbourgs de Paris, leur donner des témoignages de la ſatisfaction que nous avons de leur obéïſſance, & leur faire reſſentir les effets de nôtre protection, A CES CAUSES & autres à ce nous mouvans, aprés avoir fait examiner en nôtre Conſeil ladite déliberation du vingt Aouſt dernier, les anciens Statuts de ladite Communauté à eux accordez au mois de Mars mil cinq cent neuf, les Lettres de confirmation qu'ils en ont obtenuës de deffunt nôtre tres-honoré Seigneur & pere au mois de Decembre mil ſix cent dix, nôtre Declaration du dernier Avril mil ſix cens quatre-vingt-onze, portant union à ladite Communauté des Offices de Jurez, l'Arreſt de nôtre Conſeil du onze Septembre mil ſix cent quatre-vingt-ſeize, qui y a pareillement uni les Offices d'Auditeurs Examinateurs de leurs comptes, nos Edits des mois d'Aouſt mil ſept cent un, & Juillet mil ſept cent deux, & ledit Arreſt de nôtre Conſeil du vingt-ſept Février dernier, & de noſtre certaine ſcience, pleine puiſſance & autorité Royale, Nous avons par ces Preſentes ſignées de nostre main , & suivant nostre Edit du mois d'Aoust mil sept cent un , à l'Arrest de nôtre Conseil du onze Juillet mil sept cent deux, & à celuy du vingt-sept Février dernier, maintenu & confirmé, maintenons & confirmons entant que besoin est ou seroit ladite Communauté des Maîtres Rotisseurs de nôtre bonne Ville & Fauxbourgs de Paris dans l'heredité des Offices de Sindycs-Jurez & d'Auditeurs de leurs comptes, dont nous leurs avons cy-devant accordé la réünion, & de la même autorité que dessus avons uni & incorporé, unissons & incorporons à ladite Communauté l'Office de Tresorier-Receveur, & Payeur de leurs deniers communs, créé par nôtre Edit du mois de Juillet mil sept cens deux, pour joüir par eux des droits, privileges & exemptions y attribuez, & en outre de cinq cens livres de gages actuels & effectifs par chacun an, à commencer du premier Janvier mil sept cent trois, lesquels gages seront payez par chacun an par le Receveur General des Finances de la Generalité de Paris en exercice, ſans que pour raiſon dudit Office ils ſoient obligez de prendre aucunes Lettres de proviſion, ni qu'ils ſoient cy-après tenus d'aucune taxe de confirmation d'heredité, ni autres dont nous les declarons exempts, à la charge de payer par eux tant pour ladite confirmation d'heredité deſdits Sindycs & Auditeurs, que pour ledit Office de Treſorier, la ſomme de trente mil livres de principal ſur les quitances du Recevcur de nos revenus caſuels, & en attendant l'expedition d'icelles ſur les Recepiſſez de M. Jean Garnier, que nous avons chargé de ce recouvrement, ou de ſes Procureurs & Commis, portant promeſſe de les fournir, & trois mil livres pour les deux ſols pour livre, ſur les ſimples quitances dudit Garnier, leſd. deux ſommes faiſant enſemble celle de trente-trois mil livres, payables dans les termes portez par ledit Arreſt du vingt-ſept Février dernier, à l'effet de quoy permettons aux Jurez d'emprunter ou d'impoſer ſur tous les Maiſtres de ladite Communauté, ſi fait n'a eſté, même ſur les

Privilegiez de leur Profession, qui viennent lotir comme eux sur le marché, par forme de prest, le plus équitablement que faire se pourra, jusqu'à la concurrence de ladite somme de trente-trois mil livres. Voulons que ceux qui prêteront leurs deniers ayent privilege & hipoteque special sur lesdits gages & droits attribuez ausdits Offices, & generalement sur tous les biens & effets & revenus de ladite Communauté, & que les arrerages leurs en soient payez d'année en année, à raison du denier vingt, qui ne courreront à l'égard desdits Rotisseurs Maistres ou Privilegiez que du jour qu'ils auront achevé de fournir en entier les sommes qu'ils devront prêter, suivant qu'ils se trouveront employez dans l'état de repartition, qui a esté ou sera arresté par le Sieur d'Argenson, Maître des Requestes, Lieutenant General de Police de nôtre bonne Ville & Fauxbourgs de Paris, lequel état Nous entendons estre executé selon sa forme & teneur, & les Particuliers dénommez en iceluy contraints par les voyes, & ainsi qu'il eſt accoûtumé pour nos deniers & affaires, & pour donner moyen à ladite Communauté de payer actuellement leſdits arrerages & intereſts, & d'acquitter de temps à autre quelque partie du principal, comme auſſi de ſe liberer de ce qu'ils doivent de reſte de leurs anciens emprunts. Voulons que la perception qui ſe fait de droits, en execution de nôtre Declaration du dernier Avril mil ſix cent quatre vingt-onze, pour l'union des Offices de Jurez-Sindycs, & de l'Arreſt de nôtre Conſeil du onze Septembre mil ſix cent quatre-vingt-ſeize, pour l'union des Auditeurs des Comptes, ſoit continuée ſur le même pied porté par ladite Declaration & Arreſt, juſqu'au parfait payement & rembourſement des arrerages ou intereſts, & des ſorts principaux, tant des ſommes reſtantes dûës deſdits anciens emprunts, que de celles qui auront eſté empruntées ou impoſées en conſequence des Preſentes. Permettons aux Jurez qui ſont ou ſeront en Charge à l'égard des ſommes qu'ils emprunteront au deſſous de trois cens livres, d'en donner leurs simples reconnnoissances sous leurs signatures privées, qui vaudront comme des Contrats de Constitution, pour remplir lesdites trente-trois mil livres, & les frais des Contrats, & autres dépenses qu'ils seront obligez de faire à l'occasion desdits emprunts, desquels frais ils seront crûs sur leurs simples Memoires, & dont ils seront remboursez sur les droits de ladite Communauté, & sur lesdites cinq cens livres de gages nouvellement attribuez. Maintenons les Jurez & Anciens de ladite Communauté dans l'usage où ils sont de recevoir de chaque Maistre par chef-d'œuvre; sçavoir chaque Juré quatre livres, & quatre jettons de vingt sols piece, & chaque Ancien deux jettons. Et lesdits Jurez seulement dans le droit de recevoir 40 sols chacun pour la reception d'un fils de Maistre, sans que les anciens puissent pretendre, ni exiger aucun droit audit cas. N'entendons que les fils de Maistre nez avant la Maistrise de leurs peres joüissent du privilege ancien des enfans nez avant la Maiſtriſe de leur pere, mais qu'ils ayent ſeulement la remiſe du quart des droits qui ſe payent pour la Maiſtriſe par Chef-d'œuvre. N'entendons auſſi qu'il ſoit receu des Maiſtres par Chef-d'œuvre au delà du nombre de ſix par chacun an, leſquels ſeront tenus de payer chacun cinq cent cinquante livres au moins, en y comprenant les jettons qui ſe payent, tant aux Jurez, qu'aux Anciens, & tous autres droits, & frais, de laquelle ſomme de cinq cent cinquante livres il reſtera de net au profit de ladite Communauté la ſomme de 400 livres. Voulons au ſurplus que les Jurez comptables qui ſortiront de Charge ſoient tenus de preſenter & rendre leur Compte de recepte & dépenſe au plus tard dans ſix mois aprés leur ſortie, & d'en payer les reliquats dans le même temps, à peine de tous dépens, dommages & intereſts envers la Communauté, & ceux qui n'auront rendus leurs Comptes dans ledit délay ſeront exclus de toute l'Aſſemblée, & privés des droits qui leur appartiennent en qualité d'Anciens, ſans que ladite peine puisse estre reputée comminatoire. Et d'autant qu'il est du bien public que la Police de nôtre bonne Ville de Paris, & des Fauxbourgs soit uniforme & observé également, Permettons aux Jurés de ladite Communauté de faire leurs visites dans les maisons des Rotisseurs du Fauxbourg S. Antoine, dans le Temple, dans l'Abbaye S. Germain des Prez, dans l'enclos de S. Jean de Latran, de S. Denis de la Chartre, dans la ruë de l'Ourcine, & autres lieux ou endroits Privilegiez ou pretendus tels de nôtredite Ville ou des Fauxbourgs de Paris, comme aussi de ceux qui exercent à titre de privilege du Prevost de nôtre Hôtel, ou autrement, sans neanmoins que lesdits Jurés puissent prétendre aucuns droits de visites desdits Rotisseurs à titre de Privilege, ni de ceux qui exercent la Profession dans les lieux Privilegiés, à moins que lesdits Rotisseurs à titre de Privilege ne fussent aussi Maistres de ladite Communauté. Voulons au surplus que les Statuts dudit Mêtier, Declarations, Arrests & Reglemens rendus en consequence, en faveur de ladite Communauté, soient executés selon leur forme & teneur en ce qu'ils ne seront contraires à ces Presentes. SI DONNONS EN MANDEMENT à nos amés & feaux Conseillers les Gens tenans nôtre Cour de Parlement à Paris, que ces Presentes, ils ayent à faire lire, publier, & registrer, & du contenu en icelles faire joüir & user lesdits Maistres Rotisseurs de la Ville & Fauxbourgs de Paris, selon leur forme & teneur, cessant, & faisant cesser tous troubles & empêchemens contraires: Car tel est nôtre plaisir, en témoin de quoy nous avons fait mettre nôtre Scel à cesdites Presentes. DONNE' à Versailles le deuxiéme jour de Decembre, l'an de Grace mil sept cent quatre, & de nôtre Regne le soixante-deux. LOUIS. *Et plus bas*, par le Roy, PHELYPEAUX. *Et en marge est écrit;* Veu au Conseil, CHAMILLART.

Registrées, oüi le Procureur General du Roy, pour joüir par ladite Communauté de leur effet & contenu, estre executées selon leur forme &

teneur, ſuivant & aux charges portées par l'Arreſt de ce jour à Paris, en Parlement le quatorziéme Février mil ſept cent cinq, Signé, ISSALY.

ARREST
DE LA COUR DE PARLEMENT

Du quatorziéme Février 1705.

Qui ordonne l'execution de la Declaration du Roy cy-deſſus.

Extrait des Regiſtres de Parlement.

VEU par la Cour les Lettres Patentes du Roy données à Verſailles le deux Decembre mil ſept cens quatre, ſignées, LOUIS; & plus bas, par le Roy, PHELIPEAUX, & ſcellées du grand Sceau de cire jaune obtenuës par la Communauté des Maiſtres Rotiſſeurs de cette Ville de Paris, par leſquelles, pour les cauſes y contenuës, le Seigneur Roy a maintenu & confirmé ladite Communauté dãs l'heredité des Offices de Sindycs, Jurez, & Auditeurs des Comptes d'icelle, dont le Seigneur Roy leur à cy-devant accordé la réunion, a uni & incorporé à lãdite Communauté l'Office de Treſorier-Receveur & Payeur des deniers communs d'icelle, créé par Edit du mois de Juillet mil ſept cent deux, à la charge de payer la ſomme de trente mil livres, & les deux ſols pour livre, à l'effet de quoy le Seigneur Roy permet aux Jurez de ladite Communauté d'emprunter ou d'impoſer ſur tous les Maiſtres d'icelle juſqu'à concurrence de ladite ſomme de trente mil livres, & de celle de trois mil livres pour les deux ſols pour livre. Veut le Seigneur Roy que la perception qui ſe fait des droits en execution de la Declaration du dernier Avril mil ſix cent quatre-vingt-onze, pour union des Offices de Jurez-Sindycs, & pour celle des Auditeurs des Comptes ſoit continuée ſur le même pied, juſqu'au parfait payement & rembourſement des

arrerages

arrerages ou interests & des sorts principaux, tant des sommes restantes dûës des anciens emprunts, que de celles qui auront esté empruntées ou imposées en consequence desdites Lettres, ainsi qu'elles le contiennent plus au long, à la Cour adressantes. Veu aussi la deliberation de ladite Communauté du vingt Aoust mil sept cent trois, & autres Pieces attachées sous le contre-scel desdites Lettres. Requeste afin d'enregistrement d'icelles. Conclusions du Procureur General du Roy; Oüy le Raport de Maistre Claude le Doux Conseiller; Tout consideré; LA COUR a ordonné & ordonne, que lesdites Lettres seront enregistrées au Greffe d'icelle, pour joüir par ladite Communauté de leur effet & contenu, & estre executées selon leur forme & teneur, à la charge de rendre compte tous les ans par ladite Communauté de l'employ desdits deniers pardevant le Lieutenant General de Police, & le Substitud du Procureur General du Roy au Chastelet. Fait en Parlement le quatorze Février mil sept cent cinq. *Collationné.* Signé, ISSALY.

ARREST
DU CONSEIL PRIVÉ.

QUI ordonne que les PrivilegieZ seront tenus d'observer les Reglemens de Police du treiZiéme Novembre 1637.

Extrait des Registres du Conseil Privé du Roy.

SUR ce qui a esté remontré au Roy en son Conseil; Que les Rotisseurs Privilegiez suivant la Cour, sous pretexte des Privileges à eux accordez, contreviennent journellemẽt aux Ordonnances & Reglemens de la Police, & vont auparavant l'heure indicte par lesdits Reglemens, faire l'achat des Volailles, Gibier, & autres Marchandises à la Place de l'Apport à Paris, au préjudice des Bourgeois & Habitans de ladite Ville, à cause de la chereté desdites denrées, causée par les desordres qu'apportent lesdits Privilegiez, & les autres Rotisseurs & Poulaillers de ladite Ville, qui se saisissent du plus beau & meilleur, entr'autres le nommé Claude Oudin, soy disant l'un des vingt-quatre Marchands Rotisseurs, Poulaillers, Poissonniers suivant la Cour, & l'un des Syndics de ladite Communauté, ayant esté trouvé le dix du present mois de Novembre en ladite Place de l'Apport de Paris, saisi d'une douzaine de chapons qu'il avoit achettez contre lesdits Reglemens de Police, & auparavant l'heure prescrite par iceux, Maistre Denis Sevestre Commissaire Examinateur au Chastelet de Paris, auroit saisi lesdits douze Chapons sur ledit Oudin, & luy auroit sur le champ donné assignation à la Police pardevant le Lieutenant Particulier audit Chastelet, lequel par son Jugement dudit jour, auroit confisqué lesdits douze Chapons, & ordonné qu'ils seroient à l'instant portez à l'Hôtel-Dieu : & outre condamné ledit Oudin pour sa contravention en ſeize livres pariſis d'amende. Et bien qu'en cette action ledit Commiſſaire Seveſtre n'ait fait que ſa charge, puiſqu'enſuite de ſon raport fait en la Chambre Civile du Chaſtelet, ladite Marchandiſe a eſté confiſquée; Neanmoins ledit Oudin l'auroit pris à partie, & fait aſſigner pardevant le Prevoſt de l'Hoſtel, ou ſon Lieutenant en ſon Auditoire du Fort-l'Eveſque, pour eſtre condamné, & par corps, à luy reſtituer leſdits douze chapons, ou pour la valeur d'iceux la ſomme de ſept livres tournois, qu'il prétend en avoir payez au Marchand, & pour être condamné en l'amende. Et d'autant que ſi telles priſes à parties étoient tollerées contre leſdits Commiſſaires du Chaſtelet, faiſant leurs charges, ce ſeroit indirectement permettre l'abus & la contravention auſdites Ordonnances & Reglemens de Police. SA MAJESTE' deſirant y pourvoir aprés s'être fait repreſenter la Sentence renduë ledit jour dixiéme Novembre, à la Police tenuë ledit jour en la Chambre

Civile dudit Chasteler, sur le raport dudit Commissaire Sevestre, contre ledit Oudin, avec autres Jugemens rendus contre autres particuliers Rotisseurs, pour pareilles contraventions. Le certificat du Dépensier de l'Hôtel-Dieu, dudit jour, qu'il a receu lesdits douze chapons portez par ledit Jugement. Signification dudit Acte audit Oudin; & l'assignation donnée à sa requeste ledit jour audit Commissaire Sevestre, en ladite Prevosté de l'Hôtel, pour la restitution de ladite Marchandise confisquée, & pour se voir condamner en une amende; A ORDONNE' ET ORDONNE, Que ledit Jugement rendu contre ledit Oudin ledit jour dixiéme Novembre, tiendra, & sera executé selon sa forme & teneur, en ce qui reste à executer. A dechargé & decharge ledit Commissaire Sevestre de l'assignation à luy donnée pardevant ledit Prevost de l'Hôtel, on son Lieutenant, à la requeste dudit Oudin. A fait & fait trés-expresses inhibitions & deffenses audit

Prevost de l'Hôtel, ou sondit Lieutenāt de prendre connoissance dudit differend : & audit Oudin d'en faire aucunes poursuites pardevant luy, à peine de nullité, cassation de procedures, dépens, dommages & interests, & de six cens livres d'amende, & luy a enjoint, & à tous les autres Rotisseurs, Poulaillers, Poissonniers suivant la Cour, & à tous autres Marchands, de suivre & observer à l'avenir lesdites Ordonnances & Reglemens de Police, sur les peines y contenuës. Fait au Conseil Privé du Roy, tenu à Paris le treiziéme jour de Novembre mil six cens trente-sept. Signé, FORCOAL.

L'AN mil six cens trente-sept, le dix-huitiéme jour de Novembre le present Arrest a esté monstré, signifié, & d'iceluy baillé copie audit Oudin, soi disant l'un des vingt-quatre Marchands Rotisseurs, Poulaillers, Poissonniers suivant la Cour, & l'un des Syndics de ladite Communauté, tant pour luy que pour les autres Rotiſſeurs, Poulaillers, & Poiſſonniers nommez audit Arreſt, parlant à Denis Foucault, Compagnon Rotiſſeur, ſon domeſtique, en ſon domicile à Paris, à ce que dudit Arreſt ils n'en pretendent cauſe d'ignorance : & auſquels parlant que deſſus, leur a eſté fait les deffenſes y mentionnées, ſur les peines y contenuës, par moy Huiſſier ordinaire du Roy en ſes Conſeils d'Etat & Privé, ſous-ſigné. *Signé*, HERBIN.

PAR Sentence de Police du vingt-cinq Octobre 1678. renduë entre les Jurez de la Communauté, & Daniel Benoiſt Maître Chaircuitier à Paris, declare la ſaiſie des Marchandiſes de lard bonne & valable, les deniers rendus, ſur iceux pris quatre-vingt livres, en quoy il a eſté condamné, avec défenſes de recidiver, & d'achetter pareille quantité de Marchandiſes pour en faire monopole, à peine de privation de ſa Maîtriſe, & de plus grande peine : avec laquelle sont attachez les saisies, procès verbal du commissaires, & procedures.

A Tous ceux qui ces presentes Lettres verront; Achi'es de Harlay Chevalier, Conseiller du Roy en tous ses Conseils d'Etat & Privé, son Procureur General en sa Cour de Parlement, & Garde de la Prevosté & Vicomté de Paris, le Siege vacant; SALUT, sçavoir faisons, Que sur la Requeste faite en jugement devant Nous en la Chambre du Chastelet de Paris, par M. Nicolas de Longueüil, Procureur d.s Jurez de la Communauté des Maistres Rotisseurs de cette Ville de Paris, Demandeurs en confirmation des deux avis du Procureur du Roy, du vingt-deux du present mois, aux fins des Exploits du vingt-troisiéme dudit mois d'Octobre, controllés à Paris le lendemain, contre M. Jean Quentin, Procureur de Jacques Mignot

Mignot Maistre Patissier, Cuisinier privilegié suivant la Cour ; & encore Procureur de Pierre Ravenet le jeune, Commis au Bureau des Vendeurs de Volailles, Defendeurs. PARTIES OUYES en leurs plaidoyers & remontrances ; & aprés que ledit Mignot s'est volontairement desisté des poursuites par luy faites contre les Demandeurs en la Prevôté de l'Hôtel ; NOUS ORDONNONS du consentement des Parties qu'elles procederont pardevant Nous ; & faisant droit au principal, Avons la saisie faite sur ledit Mignot d'un Poullet d'Inde, un Lievre & une douzaine de Pigeons, faisant partie de plus grande quantite de marchandises par luy achetées en la Halle à la Volaille declarée bonne & valable : Ordonnons neanmoins que pour cette fois elles seront rendues audit Mignot, auquel nous faisons deffenses de plus à l'avenir entreprendre sur la Communauté des Maîtres Rotisseurs, ny d'achepter des Marchandises à la Halle à la Volaille,

& audit Ravene d'empecher les saisies qui pourront estre faites par les Demandeurs en cas de contravention a peine de confiscation & d'amande; les Deffendeurs condamnez aux dépens, ce qui sera executé nonobstant opposition ou appellation quelconques, & sans prejudice d'icelles; En temoin de ce Nous avons fait sceller cesdites presentes; Ce fut fait & donné par Messire Gabriel Nicolas de la Reyny, Chevalier Conseiller du Roy en ses Conseils d'Etat & Privé, Maître des Requestes ordinaires de son Hôtel, Lieutenant de Police de la Ville Prevôté & Vicomté dudit Paris, tenant le Siege le mardy cinquieme jour de Novembre mil six cens soixante quinze, Collationné, COUDRAY, Greffier.

PAR Arrest du Parlement du 6 Mars 1659. rendu entre les Jurez Rotisseurs-Cuisiniers du Faux-Bourg Saint Marcel d'une part, & Antoine

Monpetit, Maître Hôtellier-Cabaretier audit Faux bourg Saint Marcel, luy eſt fait deffences de conſommer aucunes viandes, ny en étaller, ny en expoſer en vente qu'il ne l'ait priſes chez les Rotiſſeurs de la Ville & Faux-Bourg de Paris, ſur les peines portées par les Arreſts & Reglemens.

PAR Jugement rendu par Monſieur le Procureur du Roy, le dernier Janvier 1648. entre les Jurez d'une part, contre Marin Valleran, Noel Yon, Olivier Morant, & Pierre Dalliſſan, tous Marchands Poullailliers, demeurant és environs de la Ville de Caën, eſt fait deffences de decreter à l'avenir les Chapons qu'ils feront arriver és Marchez de cette Ville pour vendre à peine de confiſcation & d'amende, & pour cette fois ſans tirer à conſequence, fait main-levée des Chapons ſaiſis, & condamne leſdits Marchands aux frais.

EXTRAIT DES REGISTRES de Parlement.

FNTRE Denis Yon Maiſtre Rotiſſeur à Paris, & Marie Champion veuve de Simon le Roux auſſi Maiſtre Rotiſſeur à Paris, Apellans d'une Sentence renduë par le Sieur Lieutenant General de Police le vingt-hüitiéme Novembre 1698. & de tout ce qui s'en eſt enſuivi d'une part, & les Jurez en charge de la Communauté des Maiſtres Rotiſſeurs de cette Ville de Paris Intimez d'autre : Et entre ledit Denys Yon, Marie, Champion veuve, le Roux & ces ſoy diſans pauvres Maiſtres & veuves de Maiſtres Rotiſſeurs Vendeurs à la Valée, ſéparement des Marchands Forains demandeurs en deux Requeſtes des dix & vingt Septembre 1701. à ce qu'il plût à noſtredite Cour ordonner que ſur l'appel interjetté par leſdits Yon & Champion, les Parties procederoient en la maniere accoûtumé ; comme auſſi recevoir leſdits pauvres Maiſtres & veuves de Maiſtres Rotiſſeurs Parties intervenantes en la cauſe d'appel d'entre leſdits Yon, Champion & leſdits Jurez Rotiſſeurs & Apellans de la meſme Sentence du vingt-huitiéme jour de Novembre 1698. leur donner Acte de ce que pour moyens d'intervention, ils employoient la Requeſte dudit jour dixiéme jour de Septembre 1701. faiſant droit ſur ladite intervention, ordonner que ſur les appellations les Parties auroient audience au lendemain Saint Martin; & cependant ſans prejudice des droits des Parties au principal & en attendant le jugement des appellations, faire deffenſes auſdits Jurez de troubler leſdits Yon, Champion pauvres Maiſtres & veuves de Maiſtres en la poſſeſſion immemorialle en laquelle ils ſont de vendre leurs Marchandiſes à la Valée en la maniere accoûtumée, ſur telle peine qu'il plairoit à la Cour, & de tous dépens, dommages & intereſt d'une part, & leſdits

Jurez de la Communauté Deffendeurs d'autre : Et encore entre lesdits Denys Yon & Champion, & lesdits pauvres Maistres & veuves de Maistres Demandeurs en Requeste du vingt-deuxiéme jour d'Octobre 1701. à ce qu'il plût à nostredite Cour de recevoir Appellans en adherant à leurs premieres apellations des saisies & executions faites de leurs Marchandises le dix-septiéme dudit mois d'Octobre & de tout ce qui a suivi, ordonner que sur ledit appel les Parties auroient audience au premier jour d'aprés la Saint Martin, & cependant faire deffenses de passer outre & de faire poursuites ailleurs qu'en nostredite Cour, à peine de mil livres d'amende, depens, dommages & interests, leur faire main-levée des Marchandises sur eux saisies s'ils sont en nature, sinon la juste valeur à ce faire les Jurez contraints par corps d'une part, & lesdits Jurez Rotisseurs Deffendeurs d'autre : Et entre lesdits Jurez Demandeurs en Requeste du vingtquatriéme Octobre 1701. à ce qu'il plût à la Cour les recevoir opposans à l'execution de l'Arrest par deffaut du huitiéme dudit mois d Octobre, faisant droit sur l'opposition, déclarer la procedure nulle avec dépens d'une part, & lesdits Yon, Champion, pauvres Maîtres & veuves de Maistres Deffendeurs d'autre: Et encore entre lesdits Yon, Champion, pauvres Maistres & veuves de Maistres Demandeurs en Requeste du quinziéme jour de Decembre 1701. à ce qu'en venant plaider la cause d'entre les Parties si la Cour faisoit difficulté de sortir les Parties presentement d affaires, & adjuger ausdits Yon, Champion & consors leurs conclusions, ordonner en tant que besoin est ou seroit avant faire droit, qu'il sera informé de la commodité ou incommodité qu'ils apportent au public, pour ce fait ce rapport estre ordonné ce que de raison d'une part, & lesdits Jurez de la Communauté des Maistres Rotisseurs de Paris Deffendeur d'autre, aprés que Grossin Avocat des Apellans & Intervenans Dubus Avocat des Intimez ont esté oüis; ensemble Cevain pour le Procureur General du Roy LA COUR a receu les Parties de Dubus opposans à l'Arrest par deffaut; & faisant droit au principal sans s'arrester aux Requestes & Intervention des Parties de Grossin met es appellations par elles interjettees au neant, ordonne que ce dont a esté appellé sortira effet, condamne les Apellans en l'amende & en tous les dépens faits en Parlement le dix septieme Decembre mil sept cens un. DUTILLET COLLON. Collationné le 23 Decembre mil sept cens un, signé BARBIER.

ARREST CONTRADICTOIRE du 17. Decembre 1701. Confirmatif de ladite Sentence du 28 Novembre 1698. Sentence dont est Appel principal.

A Tous ceux qui ces presentes Lettres verront; Charles Denys de de Bullion, Chevalier Marquis de Galardon & autres lieux, Prevoſt de Paris SALUT, ſçavoir faiſons que ſur la Requeſte faite en jugement devant Nous en la Chambre de Police par M. Loüis Millet Procureur de Denys Yon Maiſtre Rotiſſeur, Marie Champion veuve de Jacques le Roux auſſi Maiſtre Rotiſſeur & Conſors, tous Maiſtres & veuves de Maiſtres dudit Meſtier, Demandeurs aux fins de leur Requeſte du dix Mars dernier, & l'Exploit fait en vertu le 25. de ce mois par le meſme Sergent, contrôllé à Paris le vingt-ſix par Cheſneau ont repreſenté ce jourd'huy à ce qu'attendu leur pauvreté, & qu'ils ne peuvent tenir des boutiques, ils ſeront conſervez d'acheter & vendre de la Volaille ſur la Vallée de Miſere, Quay des Auguſtins, ainſi qu'ils ont fait de tout temps, & que défenſes ſeront faites aux cy aprés nommez de les y troubler ny empeſcher, à peine de tous dommages, intereſts & dépens, aſſiſtez de M. Barbier leur Avocat : contre M. Nicolas de Longuëil Procureur des Jurez de la Communauté des Rotisseurs, Defendeurs, assistez de M. Porcheron leur Avocat d'autre part. NOUS ordonnons que les anciens Reglemens seront executez selon leur forme & teneur, sauf à estre condamné dans les contraventions particulieres suivant l'exigence des cas: ce qui sera executé sans prejudice de l'appel, en témoin de ce Nous avons fait sceller ces presentes. Ce fut fait & donné par Messire Marc René de Voyer, de Paulmy, d'Argenson, Conseiller du Roy en ses Conseils, & Lieutenant General de Police tenant le Siege le Vendredy vingt-huit Novembre mil six cens quatre-vingt-dix-huit, Collationné, Signé, TARDIVEAU.

Scellé le vingt Decembre mil six cens quatre-vingt-dix huit TARDIVEAU.

SEntence contradictoire renduë par Monsieur le Lieutenant General de Police du 28. Novembre 1687. renduë entre les Jurez de la Communauté d'une part, Pierre le Febvre, Iacques le Normand, Firmin Coeffet & Bertheaume Maistres Rotisseurs, d'autre part, sur le rapport de M. Picard Commissaire, qui ordonne qu'un Iugement rendu par Monsieur le Procureur du Roy sera confirmé avec dépens, & par lequel Iugement il est enjoint ausdits Maistres qui ont des Boutiques & des bannes de mettre des Cages à leursdites Boutiques.

ARREST DE LA COUR DE Parlement, du vingtiéme Mars 1681. portant défenses à tous Maîtres Rotisseurs, & autres, d'étaller sur le Quay des Augustins, ny és environs, à peine de grosses amandes, conformement aux Sentences rendues par Monsieur le Lieutenant General de Police.

LOUIS par la grace de Dieu Roy de France & de Navarre, au premier nostre Huissier ou Sergent sur ce requis; Sçavoir faisons, Que le jour des presentes comparrant judiciairement en nostre Cour de Parlement Charles Bacois, Robert Bourgeois, Jean Bonnnevie, François Offroy, Leonard Reignier, François Hebert, François de Laistre, Pierre Soulnier, Rolan Hebrieux, Nicolas Baquentin, Pierre Valentin, Clement du Val, Pierre Azant, Philippes Bourgeois, Simon le Roux, Jean Papillon, Jerôme Monmirel, Nicolas Belot, Fançois & Jacques Rogier; Jean Chastelier, Cosme Ruet, François du Bullay, Bernard Meriel, Guillaume Meriel, Germain Langlois, Martin Huet, Pierre Boucher, Jean-Jacques Petit, Bon Bacois, Pierre de Moussi, Mangin Petit, Roux Pierre Tourroude. Bernard Morin, Pierre Aubry, Jean Hardoüin, Pierre Guernet, Chistophe Camus, André Moussnier, Jacques Dolet, la veuve Longer, la veuve Fremand, la veuve Dory, la veuve Jantot, la veuve Baremont, la veuve Petit, la veuve le Vel, la veuve Prevoſt, la veuve Perſaye & conſors; tous Maiſtres Rotiſſeurs faiſant le Regrat, & vendant ſur le Marché étably ſur le Quay des Auguſtins, Appellans des Sentences renduës par le Lieutenant de Police des 28. Septembre 1674. 2. Juillet, 5. Novembre, 29. Novembre, & 29. Decembre 1677. 29. Juillet, & 4. Novembre 1678. 6. Octobre, 17. Novembre, premier & 15. Decembre 1679. 22. Ja vier 1680. & de tout ce qui s'en eſt enſuivi, & oppoſans à l'execution de l'Arreſt du 30. Decembre 1680. ſuivant leur acte du 4. Janvier 1681. d'une part; & Iean-Barthelemy, Henry Hion, Denys Perſehaye, Pierre Touffet, de preſent en Charge, & Iurez de la Communauté des Maiſtres Rotiſſeurs de cette Ville de Paris, Intimez & Défendeurs, d'autre part; & encore entre leſdits Barthelemy, Hion Perſehaye & Touffet, Jurez de ladite Communauté des Maîtres Rotiſſeurs, Demandeurs en Requeſte du 4. Février 1681. à ce qu'ils fuſſent receus oppoſans à l'execution de l'Arreſt ſurpris par defaut par leſdits Bacois, Bourgeois & Conſors le 18. Decembre 1680. : faiſant droit ſur l'oppoſition, declarer la procedure ſur laquelle il eſtoit intervenu, nulle, & faiſant droit au principal, ordonner que leſdits Bacois, Bourgeois & Conſors, ſeroient tenus de venir plaider, tant ſur ladite Requeſte que ſur leur oppoſition par eux formée à l'execution dudit jour 30. Decembre 1680 par acte du 4. dudit mois de Janvier, dont ils ſeront deboutez avec depens, d'une part, & leſdits Bacois, le Roux, Bourgeöis & Conſors, Defendeurs, d'autre part; & encore entre François Jacques, Iean Michault, Loüis Charles Damilet; Iean Beauregard, Iean de Laure, Marguerite Chambris, Pierre Boileau, Loüîs Baudonnel, Ianne Remy, veuve Cavilly, Charles Pomerault, Iacques Doublet, Ieanne de la Cheſnaye, René Domicilier, François Gomiot, Iacques Vouet, Loüis Voilet, Charles Languin, Loüis Auguſtin, Bernard Laguea, Loüis François Jean Cauzin, Pierre Bourdin, René Iacquin, Pierre Huart, Fronçois Langron, Loüis Vilain, François Doſlon, Pierre Savalet, Michel Fermeille, Iean Be: ſigny, Michel Bonnant, Loüis Mercier, Loüis Duval; tous ſe diſans Bourgeois de Paris, Demandeurs en Requeſte du 7. Ianvier 1681., à ce qu'ils fuſſent receus parties intervenantes en la cauſe deſdits Barthelemy, Hion, Perſehaye & Touffet, Iurez de la Communauté deſdits Rotiſſeurs, deſdits Bacois & Bourgeois, le Roux & Conſors; & qu'auparavant faire droit ſur ladite intervention, ordonner que tel nombre de Bourgeois qu'il plaira à la Cour nommer, donneroient leur avis ſur la commodité ou incommodité, pour iceluy veu eſtre ordonné ce que de raiſon, aux offres que faiſoient leſdits François Iacques, & Iean Michault, Loüis Pingand & Conſors, & d'avancer les frais. d'une part; & leſdit Barthelemy, Hion

Persehaye & Touffet, Iurez de la Communauté des Maistres Rotisseurs de cette Ville de Paris; & lesdits Bacois, & Bourgeois & le Roux & Consors, Regratiers, Defendeurs d'autre part. Aprés que Mahondeau pour les Regratiers, Tuffier pour les Intervenans, & Dumon pour les Iurez Rotisseurs, ont esté oüis, ensemble Talon pour nostre Procureur General qui a dit que l'appel est interjetté de plusieurs Sentences de Police, qui font defenses aux Appellans de vendre & debiter aucunes Vollailles ny Gibier sur la Place, ny aux environs du Quay des Augestins, lieu à present destiné pour les Marchands Forains d'y estaller aucunes Cages, Panniers, ny d'avoir Boutique, soit dans les maisons voisines, ou sur le pavé; & pour les contraventions par eux commises, les condamnent en diverses amendes, qu'il est certain que ces Sentences sont conformes aux Reglemens de Police, qui ont esté faits de tout temps sur ce sujet, parce qu'on n'a jamais

mais permis à autre personne qu'aux Marchands Forains de vendre de la Volaille ny du Gibier dans le Marché, & qu'il est de l'interest public, que cela s'observe pour plusieurs considerations importantes, qu'il n'y a point de distinction à faire, soit que les particuliers qui s'ingerent de vendre sur la Place soient Maistres ou simples Compagnons Rotisseurs; la pauvreté que les Appellans alleguent n'estant pas une raison qui puisse les dispenser de suivre les Reglemens, ny leur permettre de faire le Regrat qui a toûjours esté défendu dans toutes sortes de Mestiers, & seroit tres-préjudiciable au public dans celuy-cy, parce que sous ce pretexte les Appellans, qui disent estre au nombre de quarante-deux Maistres, se meslant avec les Marchands Forains & s'entendant avec eux, prennent toutes leurs marchandises qu'ils survendent ensuite aux Bougeois, qu'ils auroient à beaucoup meilleur marché s'ils achetoient immediatement des Marchands Forains, parce qu'estant obligez de se retirer aux heures prescrites par les Reglemens, ils seroient obligez de vendre leurs marchandises à moindre prix, au lieu que les faisant debiter en leurs places par les Appellans, ils reglent le prix de la marchandise ainsi qu'il leur plaist; en sorte qu'on peut dire que ce nouvel abus est plus grand qu'il n'estoit avant la suppression des Facteurs: en ce que outre le sol pour livre qui se payent aux Jurez Vendeurs, les Regratiers prennent un second droit qui ne peut estre que beaucoup à charge au public: joint à cela que le prodigieux gain qu'ils y font, à cause du grand debit qui se fait sur cette Place, les y attire & leur fait abandonner leurs Boutiques qu'ils ont en divers endroits de cette ville de Paris, pour venir tous s'estaller dans cette Place: ce qui se fait avec tant d'embarras & de confusion, que les Officiers de Police, ny les Jurez des Mestiers n'y peuvent apporter aucun ordre; ny visiter les Viandes corrompuës qu'ils cachent dans les Cages

& Panniers, entassez les unes sur les autres; Qu'à l'égard de la possession dans laquelle ils disent estre d'en user ainsi; & si outre que les Intimez n'en conviennent pas, loin de rendre leurs causes plus favorables, elle ne pourroient estre considerées que comme une contravention manifeste au Reglement, & un abus, dont il est absolument necessaire d'arrester le cours, estimant qu'il y a lieu de confirmer les Sentences dont est appel, & neanmoins decharger les Appellans des amendes cy-devant prononcées contre contre eux; défenses à l'avenir d'estaller sur la Place, où és environs, à peine de cinq cens livres d'amende: Enjoindre aux Officiers de Police de tenir la main à l'execution des Reglemens: NOSTREDITE COUR a mis & met l'appellation au neant, Ordonne que ce dont a esté appellé sortira à effet; Condamne les Parties de Mahondeau en l'amende de douze livres, & aux dépens; & neanmoins les decharge des condamnations d'amendes contre elles prononcée; Fait défenses aux Parties de Mahond au d'estaller au Marché & és environs, à peine de grosses amendes, Si te mandons à la requeste des Jurez de la Communauté desdits F o isseurs, mettre le present Arrest à execution : de ce faire te donnons pouvoir. Donné à Paris en nostre Cour de Parlement le vingtiéme Mars mil six cens quatre-vingt-un, & de nostre regne le trente-huitiéme. Collationné, Signé, Par la Chambre, JACQUES.

PAR Sentence de Police du vingt-neuf Janvier 1677. il est fait défenses de faire le Regrat, ny à aucuns Regratiers de faire achat ny de lotir avec aucuns Maistres qui ont des Boutiques ouvertes à peine de vingt livres d'amende & de confiscation de leurs marchandises en cas de rescidive.

Sentence du 28 Mars 1670, qui fait deffenses de vendre sur des Panniers devant les Maisons du Quay de la Megisserie & de faire le regrat, de vendre ny debiter des Volailles audit lieu.

A Tous ceux qui ces presentes Lettres verront; Achiles de Harlay Conseiller du Roy en ses Conseils, son Procureur General, & Garde de la Prevosté & Vicomté de Paris, le Siege vacant: SALUT, Sçavoir faisons que sur le rapport fait en la Chambre de Police, par Maistre Pierre Guyenet Conseiller du Roy, Commissaire Examinateur en cette Cour: Contenant qu'en execution des Sentences par NOUS renduës contre plusieurs Maistres Rotisseurs; lesquels ayant quitté leurs Boutiques, font apporter de grands panniers d'ozier, & des tables qu'ils mettent au-devant des maisons qui sont sur le Quay de la Megisserie attenant le Carreau de la Vallée de Misere, de concert avec les Proprietaires ou Locataires qui en retirent de l'argent, & s'en servent comme de boutiques, quoique lesdites places soient destinées pour des Marchands Forains; & sur lesdits panniers & tables vendent & debitent la Volaille qu'ils achettent comme s'ils estoient Marchands Forains, & par ce moyen ostent la liberté ausdits Forains de vendre leurs marchandises, & sont cause que plusieurs Regratiers viennent sur ledit Carreau vendre de la Volaille au mépris des Sentences par Nous renduës qui leur en font deffenses; ils ont esté condamnez en des amendes; il s'est transporté audit lieu, & leur a enjoint de se retirer, ce qu'ils n'ont fait: Et de plus, que plusieurs Maistres Rotisseurs viennent avant l'heure portée par nostre Ordonnance faire leur achat sur le Carreau; & afin d'empescher telle entreprise à l'avenir, ledit Commissaire auroit fait assigner par Porte-Bois Sergent, les principaux Locataires des maisons sur le Quay de la Megisserie à comparoir à la Police. Nous aprés avoir oüy ledit Maistre Pierre Guyenet en son Rapport, & les Gens du Roy en leurs conclusions; Disons que nos Sentences renduës seront executées : Faisons défenses à tous Maistres Rotisseurs d'établir, vendre & debiter des Volailles au devant des maisons sur le Quay de la Megisserie, sur Paniers & Tables, à peine de confiscation de leurs marchandises, & de vingt livres d'amende pour la premiere fois; & aux proprietaires ou locataires de les y souffrirr sur les mêmes peines. Défendons pareillement à tous Regratiers d'aller sur ledit Carreau vendre & debiter des Volailles sur les peines portées par nos Sentences, lesquelles en cas de contravention demeureront encouruës, & enjoint à tous les Maistres Rotisseurs de garder & observer l'heure portee par nos Ordonnances, aussi sur les peines y conteuuës; & afin que chacun n'en ignore: Ordondonnons que nostre presente Sentence ſera publiée à ſon de Trompe & Cry public ſur ledit Carreau, & affiché par tout où beſoin ſera. En témoin de ce Nous avons fait ſceller ces preſentes, qui furent faites & données au Chaſtelet de Paris, par Meſſire Gabriel-Nicolas de la Reynie, Conſeiller du Roy en ſes Conſeils, Maiſtre des Requeſtes ordinaire de ſon Hoſtel, & Lieutenant de Police de ladite Prevoſté & Vicomté de Paris, tenant le Siege le Vendredy vingt-huitiéme Mars mil ſix cens ſoixante-dix. Signé par Collation SAGOT.

PAR Sentence de Police du 4. Juillet 1664. ſur le rapport de M. Plomet Commiſſaire au Chaſtelet, il eſt enjoint aux Rotiſſeurs qui ont des Boutiques ouvertes dans la Vallée de Miſere, & dans l'étenduë d'icelle de vuider dans le jour de la ſaint Remy lors prochain, & aux autres Rotiſſeurs qui ont Boutiques volantes de ſortir inceſſamment

ment : défenſes à eux de mettre aucunes Cages ny Panniers devant leſdites Boutiques, ny de retirer en icelles aucunes marchandiſes à peine de confiſcation, & d'amende.

PAR Arreſt de Noſſeigneurs de Parlement du neuf Avril 1644. rendu entre les Jurez de la Communauté d'une part, contre pluſieurs demeurans és Fauxbourgs, qui confirme une Sentence de Police du dix-neuf Septembre 1642. défenſes leur ſoit faites de ſe tranſporter ſur le carreau pour regrater ; & au cas qu'ils vouluſſent trafiquer, enjoint à eux de ſe retirer hors la Banlieuë de cette ville de Paris.

SENTENCE DE MONSIEUR *le Lieutenant General de Police, contre plusieurs Facteurs de Volaille, du trente Avril* 1700.

SUR ce qui nous a été rapporté à l'Audience de la grande Police, par Maiſtre François Dubois, Conſeiller du Roy, Commiſſaire en cette Cour; Qu'au préjudice des Edits, Declarations, Arreſts, Reglemens, & Ordonnances de de Police rendus ſur le fait de la Vente des Volailles & Gibier, & autres Marchandiſes de cette qualité, il s'y commet des abus & malverſations qui en augmentent le prix; Que même les nommez Goupy, S. Denys, Finet, Duhamel, Val la Canée, la Levée, la Prevôt, la Devouge, Verneuil, Laramée, Joubert, Mótet, Bartelemy, Gaſtau, Enfroy, Ravenel, Poupry, Baretnont, Blanchart, Bartelemy fils, Lanceleur, & autres, s'étant érigez en pretendus Facteurs, s'emparent de la Marchandiſe des Forains, qu'ils vendent eux-mêmes ſur le Carreau par Regrat ; & que lorſqu'ils n'y trouvent pas un aſſez grand profit, ils la reſſerrent & en dégarniſſent le Carreau : Que pour ſe rendre les maîtres du prix de cette Marchandiſe, ils empêchent les Forains d'aller au Bureau du droit du ſol pour livre, pour y recevoir le prix de leurs feüilles, ſe chargent d'y aller pour eux, & ſous ce prétexte, ſe font payer un droit égal à celuy du ſol pour livre, & ſuppriment quelques Articles dont ils retiennent la valeur : Ce qui leur eſt d'autant plus facile, que la plûpart des Forains ne ſçachant ny lire ny écrire, ils ſe fient à ces pretendus Facteurs pour rediger leurs feüilles ; Que de plus, ces mêmes Facteurs informent les Forains du prix courant du Marché, afin que ſuivant cet avis, ils different ou continuent leurs Voitures ; ce qui leur donne lieu de ſe faire des Magaſins aux environs de cette Ville de Paris, dans leſquels ils gardent & reſſerrent leurs Marchandiſes, au lieu de les apporter directement ſur la Vallée, comme les

Reglemens les y obligent ; Que d'ailleurs lorsque les Forains, qui ne se servent pas de ces pretendus Facteur, veulent aller au Bureau du sol pour livre y recevoir le montant de leurs feüilles, le Commis qui les paye aprés les avoir fait attendre l'ong-temps, retient un sols par Loüis d'or, outre les deniers qui se trouvent à la fin du calcul; & au contraire quand les Commis comptent avec les Rotisseurs, & qu'à la fin d'un article il se trouve un, deux. ou trois deniers, il les font valoir pour un sol, qu'ils obligent le Rotisseur de leur payer, par rapport à chaque feüille, ce qui ne laisse pas de produire un revenant bon considerable, à l'insçû de leurs Commettans, & au préjudice du Public. Que les Rotisseurs de leur part concourent à la cherté, par l'empressement qu'ils ont d'enlever la Marchandise avant les heures marquées par les Reglemens de Police, les faisant souvent emporter dés les trois heures du matin, sans en faire le prix, & avant qu'elles soient écrites sur les feüilles du Commis du sol pour livre; Qu'ils se font même adresser en droiture des Volailles & du Gibier qui ne sont point exposez sur le Careau ; Qu'ils en font des marchez dans les Cabarets & aux environs de la Vallée, avant que la Vente soit ouverte : Qu'outre ces achatps qu'ils font par leurs enfans, par leurs femmes, par leurs garçons de Boutique, & par eux-mêmes, pendant l'heure reservée aux Bourgeois, ils en font faire encore dans le même-temps par les Pourvoyeurs des grandes maisons, moyennant des conventions secrettes qui sont au préjudice des Maistres de ces Pourvoyeurs ; Qu'ils se servent encore des Porteurs & Gagne-deniers, qu'il envoyent sur le Carreau pour y retenir les Marchandises avant l'heure ; Et qu'enfin le desordre est parvenu à un tel excés, que les Forain n'osent vendre au Bourgeois que le rebut des Rotisseurs, ny ouvrir leurs Panniers que lorsqu'ils sont sur la Vallée ; Que toutes ces entreprises également contraires à l'ordre public, à l'abondance du Marché, & à l'interest particulier des pauvres, paroissant meriter une severe reprehension, luy Commissaire s'est crû obligé de faire assigner par Exploit de Tavanne, Huissier en cette Cour, quelques-uns des susnommez, à comparoître ce jourd'huy pardevant Nous pour y être pourvû. Sur quoy Nous, aprés avoir oüy ledit Commissaire Dubois en son Rapport, & les Gens du Roy en leurs Conclusions. AVONS fait & faisons tres-expresses inhibitions & deffenses ausdits Goupy, S. Denys, Finet, Duhamel, Val, la Canée, la Levée, la Prevost, la Devouge, Verneüil, Laramée, Joubert, Montet, Barthelemy, Gastau, Enfroy, Ravenel Pouprv, Baremont, Blanchart, Barthelemy fils, Lanceleur, & à tous autres, de se mêler en quelque maniere, ny sous quelque prétexte que ce soit, de la Vente des Marchandises de Gibier & Volaille, que les Forains apportent ou font apporter sur le Carreau de la Vallée, d'exiger ny recevoir d'eux aucuns droits, quand ils leur seroient volontairement offerts; de les informer par Lettres ny autrement du prix courant du Marché, de payer & compter ny recevoir le montant de leurs feüilles, pour le payement desquelles ces Forains se retireront au Bureau du sol pour livre; où les Commis seront tenus de les payer sur le champ, ainsi qu'ils y sont obligez par les Edits, Declarations, & Arrests, sans qu'ils puissent retenir un sol par Loüis d'or, ny les deniers qui se trouvent à la fin du calcul de chaque feüille: Défendons pareillement aux Commis qui tiennent les feüilles sur le Carreau, de se mesler de la vente des marchandises, ny d'exiger des Rotisseurs au-delà du montant des feüilles, & aux Forains de faire des Magasins aux environs de cette Ville, pour y resserer les marchandises qui auront esté exposées sur le Carreau; leur enjoignons d'y apporter & faire apporter directement toutes celles qu'ils auront chargées ſur leurs voitures : Deffendons en outre à tous Rotiſſeurs de faire aucuns marchez ny achats ; ſoit par eux meſmes, ſoit par perſonnes interpoſées, & d'enlever aucunes deſdites marchandiſes, juſques à ce qu'elles ayent eſté conduites au Marché, ny avant les heures preſcrites par les Reglemens ; ſçavoir les Mercredis & Samedis avant l'heure ordinaire reſervée aux Bourgeois, & les autres jours avant cinq heures du matin, ſans qu'ils puiſſent faire emporter leſdites marchandiſes de Gibier & de Volailles, juſques à ce que chaque article ſoit écrit ſur la feüille des Commis, & le prix convenu ſur un pied certain ; Ordonnons à cet effet que les Fermiers du ſol pour livre ſeront tenus d'avoir ſur la Vallée un nombre ſuffiſant de Commis, en ſorte que les Forains puiſſent eſtre payez & expediez avec toute la diligence convenable : Faiſons défenſes aux Rotiſſeurs de ſe ſervir des Porteurs ou Gagne-deniers, meſme des Pourvoyeurs. Garçons Pour-

voyeurs,

voyeurs, ou autres personnes interposées, pour faite des arrhemens ou achats sur le Carreau avant l'heure, & ausdits Porteurs ou Gagne-deniers d'entrer alors dans l'enceinte du Marché, s'ils n'y sont expressément appellez pour le service du Bourgeois: Faisons pareilles deffenses aux femmes, enfans, ou garçons de Boutique des Rotisseurs de se trouver sur la Vallée, lorsque les Maîtres y sont en personne, ny d'y faire aucuns achats si ce n'est à leur défaut, & pour leur absence, à tous Maistres Rotisseurs de se faire adresser en droiture aucune marchandise, & aux Pourvoyeurs & garçons Pourvoyeurs, de leurs prester leur noms, sous quelque pretexe que ce puisse estre. Enjeignons aux Forains d'ouvrir leurs paniers lors qu'ils en seront requis par les Bourgeois, & d'observer les Arrests & Reglemens, le tout à peine de cinq cens livres d'amende, & de prison contre chacun des Contrevenans, mesme sous plus grande peine en cas de recidive.

Mandons au Commiſſaire Dubois & a tous autres Officiers de Police, de tenir la main à l'execution de la preſente Sentence, meſme audit Commiſſaire Dubois d'informer à la requeſte du Procureur Roy contre les Particuliers cy-deſſus nommez. Et ſera noſtre preſente Sentence lûë, publiée, & affichée dans les lieux ordinaires & accoûtumez; enregiſtrée dans les Regiſtres de la Communauté des Rotiſſeurs, & executée nonobſtant oppoſitions ou appellations quelconques, & ſans prejudice d'icelles. Fait & donné par Meſſire MARC-RENE' DE VOYER DE PAULMY D'ARGENSON, Chevalier, Conſeiller du Roy en ſes Conſeils, Maiſtre des Requeſtes Ordinaire de ſon Hoſtel, & Lieutenant General de Police de la Ville, Prevoſté & Vicomté de Paris, le Vendredy trentiéme Avril mil ſept cens.

Signé, DE VOYER, D'ARGENSON.

TAUXIER le jeune Greffier.

L'Ordonnance cy-dessus a esté lûë & publiée à haute & intelligible voix, à son de Trompe & Cry public, en tous les lieux ordinaires & accoustumez par moy Marc-Antoine Pasquier, Juré Crieur ordinaire du Roy, en la Ville, Prevosté & Vicomté de Paris, y demeurant ruë du milieu de l'Hôtel des Ursins, accompagné de Claude Matelin, Loüis AmbeZar & Nicolas AmbeZar, JureZ Trompettes, le vingt-neuviéme jour de May 1700. à ce que personne n'en pretende cause d'ignorance: & affiché ledit jour esdits lieux.

Signé, PASQUIER.

SENTENCE ET ARREST, contre Jean Ravenet Facteur de Volailles.

A TOUS ceux qui ces presentes lettres verront: Achilles de Harlay, Chevalier Conseiller du Roy en tous ses Conseils, son Procureur General au Parlement, & Garde de la Ville, Prevosté & Vicomté de Paris, le Siege vacant, SALUT. Sçavoir faisons, que sur le rapport à Nous fait en la Chambre de Police du Chastelet de Paris, par Maistre Pierre Guyenet, Conseiller du Roy, Commissaire Enquesteur & Examinateur au Chastelet de Paris, de la plainte qu'il a receuë des Jurez Rotisseurs de cette Ville, allencontre de Jean Ravenet: de ce que iceluy Ravenet, en contravention de la Sentence contre luy renduë & autres Facteurs le cinq Juin dernier, laquelle luy fait défenses de se trouver sur le Carreau, & faire la fonction de Facteur, il n'auroit delaissé le dix.neuf Septembre dernier, de vendre douze Lapins au nommé Mollier, appartenant à un Marchand Forain, & avant l'heure. Pourquoy lesdits Jurez les ayant fait saisir, ledit Ravenet les auroit retirez de force & violence, & auroit usé de plusieurs menaces contre lesdits Jurez, les traitans de coquins, frippons, & autres injures, avec des juremens du ſaint nom de Dieu, dont ils auroient à l'inſtant rendu plainte audit Commiſſaire, qui auroit delivré ſon Ordonnance, en vertu de laquelle ledit Ravenet auroit eſté aſſigné pardevant Nous à ce jourd'huy & heure, pour répondre ſur icelle: Nous aprés avoir oüi ledit Commiſſaire Guyenet & ſon Rapport, & Maiſtre Nicolas de Longuëil Procureur deſdits Jurez qui auroit conclu en ſa demande: Oüi auſſi Maiſtre Lorflin, Avocat dudit Ravenet, iceluy Ravenet preſent; qui a dit qu'eſtant Commis de Vendeur de Volaille, il luy eſtoit permis en cette qualité de vendre leſdites Marchandiſes des Marchands aux perſonnes qui ſe preſentoient, & que leſdits Jurez n'avoient pas raiſon de conclure contre ledit Ravenet pour l'empeſcher de faire ladite vente, & le condamner à une amende. Oüi auſſi les Gens du Roy en leurs concluſions; DISONS que noſtre Sentence du cinq Juin dernier ſera executée, & ſuivant icelle, faiſons défenſes audit Ravenet, & à tous autres de s'entremettre à vendre, ny donner à aucun prix aux Marchands Forains, de la volaille & Cibier qu'ils ont à la Halle à peine de priſon; Permis ſeulement àudit Ravenet, en ças qu'il ſoit Commis de Vendeur, d'écrire ainſi que les autres Commis, le nombre des Volailles qui ſeront venduës par les Marchands Forains, & les noms & demeures des Rotiſſeurs qui les achetent, & les prix ; & pour la contravention faite par iceluy Ravenet, le condamnons en vingt livres d'amende, & aux dépens; & la preſente Sentence executée nonobſtanr opppoſitions ou appellations quelconques, & ſans préjudice d'icelle, pourquoy ne ſera differé; en témoin de ce Nous avons fait ſceller ces Preſentes. Ce fut fait & donné par Meſſire Gabriel Nicolas de la Reynie, Chevalier Conſeiller du Roy en ſes Conſeils, Maiſtre des Requeſtes ordinaire de ſon Hoſtel, & Lieutenant General de Police de la Ville Prevoſté & Vicomté de

Paris, tenant le Siege au nouveau Châtelet de Paris, établi à l'Abbaye de ſaint Germain Deſprez, le Vondredy deuxiéme jour d'Octobre mil ſix cens ſoixante-ſeize. Collationné, Signé, GAUDION, Greffier.

Extrait des Regiſtres du Parlement.

ENtre Jean Ravenet, Commis Vendeur de Volailles, appellant d'une Sentence renduë par le Lieutenant General de Police au Chaſtelet de Paris, le deux Octobre mil ſix cens ſoixante-ſeize, d'une part, & les Jurez Rotiſſeurs de cette ville de Paris, Intimez d'autre. Aprés que Muſnier Procureur de l'Appellant, en vertu de la Procuration, a declaré qu'il acquieſçoit audit appel appointé, eſt oüy ſur ce le Procureur General du Roy, que la Cour a mis & met l'appellation, auquel l'Appellant a acquieſcé, au neant, Ordonne que la Sentence dont a eſté appellé sortira son plein & entier effet: condamne l'Appellant en l'amende de douze livres, & aux dépens de la cause d'appel. Fait en Parlement le vingt-un Aoust mil six cens soixante-dix-sept. Signé, JACQUES. Et au dos est écrit,

Le vingt-six Aoust mil six cens soixante & dix-sept, signifié & baillé copie de l'Arrest à Maistre Musnier Procureur de partie adverse. Signé, CAURÉ, avec paraphe.

PAR Arrest de Nosseigneurs du Parlement du vingt-neuf May 1626. rendu entre Monsieur le Procureur General, prenant le fait & cause pour son Substitud au Chastelet, d'une part, & plusieurs Marchands Forains & Messagers amenans ordinairement Volailles, Gibiers, Beurre & Oeufs pour la fourniture de cette Ville, d'autre, & les Jurez de la Communauté intervenans, encore d'autre: Par lequel entre autres

autres choses, il est fait deffenses à tous Gagne-deniers & autres personnes de se dire Facteurs desdits Marchands Forains, les assister n'y s'entremettre en la vente de leur marchandise n'y de se tenir auprés d'eux lors d'icelle, à peine du foüet. Enjoint ausdits Marchands, vendre lesdites marchandises, eux mêmes sans en pouvoir cacher n'y détourner, ains les amener directement audit Marché.

Extrait des Registres du Greffe de la Chambre de Monsieur le Procureur du Roy.

Du Vendredy 10 Octobre 1698.

ENTRE Jean Cognian, Maître Rotisseur à Paris, Deffendeur au principal & Demandeur en execution de nostre Sentence, & avis du trois du present mois, suivant la Sommation & Requeste verbale, signifiées par Quinquet & Pillet Audianciers, les quatre & huit dudit mois, à ce que faute par le Deffendeur son garçon qui a quitté & abandonné son service, d'estre revenu en sa maison pour y travailler & parachever son année jusqu'au mercredy des Cendres prochain, les cinquante quatre livres de ses gages demeureront & appartiendront au Demandeur par forme de domages & interests avec dépens, assisté de Me. Antoine Déchezeaux son Procureur d'une part, & Maximilien Champreau, Compagnon Rotisseur, Demandeur & Deffendeur assisté de Me. Florentin de Jouy son Procureur d'autre part : & par vertu du deffaut de nous donné contre ledit de Iouy audit nom, non comparant dûement appellé, veu l'a venir à ce jour, Nous faute par la partie de Jouy d'estre revenu au service de la partie de Déchezeaux, pour parachever son année : DISONS que les cinquante quatre livres de ses gages demeureront & apartiendront à la Partie de Deſchezeau par forme de dommages, intereſts & dépens, & ſoit ſignifié. Ce fut fait & donné par Monſieu Duperey Conſeiller du Roy Subſtitud du Procureur de Sa Majeſté au Châtelet de Paris, tenant le Siege, les jour & an que deſſus. Signé, CAILLET, avec paraphe.

SEntence contradictoire renduë de Monſieur le Lieutenant General de Police du 14. Novembre 1698. ſignifiée le vingtiéme, par laquelle il eſt ordonné que l'avis cy-deſſus, rendu par Monſieur le Procureur du Roy, eſt confirmé avec dépens.

Et par Arreſt auſſi contradictoire du dix-ſept Decembre 1701. ladite Sentence a eſté confirmée & ledit Champeaux condamné en l'amande & aux dépens.

SENTENCE DE REGLEMENT *pour les Apprentifs.*

Du 5. Janvier 1670.

A TOUS ceux qui ces preſentes Lettres verront ; Loüis Seiguier Chevalier, Baron de S. Briſſon, Seigneur des Ruaux & de ſaint Firmain, Conſeiller du Roy nôtre Sire, Gentilhomme ordinaire de ſa Chambre, & Garde de la Prevôté de Paris, Salut. Sçavoir faiſons, Que vû la Requeſte judiciairement faite par les Jurez & Communauté des Maiſtres Rotiſſeurs de cette Ville de Paris ; Contenant que par la quantité des Apprentifs qui ſe font journellement audit Métier, & que pluſieurs Maîtres de cette-dite Ville obligent des Apprentifs pour des Maîtres des Faux-bourgs, mêmes à des Rotiſſeurs privilegiez qui n'ont non plus de pouvoir les uns que les autres ; Ce qui cauſe un grand abus à ladite Communauté, même leur ruïne perpetuelle : Pourquoy remedier ils auroient convoquez & fait assembler la Communauté desdits Maîtres Rotisseurs de cette Ville de Paris en leur Chambre commune : Sçavoir, Bartelemy Tartarin, Pierre Chastelier, André Huet, Pierre le Comte, Martin Sion, Charles Noël, Thomas Douvelet, Pierre Cerisi, Antoine Moreau, Jean de Lagny, Gervais de Raucuyr, Robert Houdin, Laurent Poullain, Pierre Dubelle, Charles de Boissy, Bartelemy Neant, Marc Petit, Ysambert Coignan, Guillaume Hebert, Loüis François, Jean Coignan, Charles Fromant, Bartelemy Langlois, Estienne Bezée, François Merriel, Ysambert Bedet, Christophe Marmyon, Benjamin Rayé, Jacques Merriel & Thomas Huet, tous Maîtres Rotisseurs de cette Ville de Paris : Tous lesquels par leur Acte d'Assemblée du neuviéme Decembre dernier, seroient demeurez d'accord que d'orénavant aucuns Maistres Rotisseurs à Paris ne pourront à l'avenir avoir en leurs Boutiques que deux Apprentifs, quand le premier aura fait la moitié de ſon temps en pourront prendre un autre pour l'eſpace de quatre années entieres : Et ne pourront leſdits Maiſtres Rotiſſeurs obliger aucuns Apprentifs qu'il n'y ſoit appellé leſdits Jurez, ou l'un d'iceux, qui ſigneront ſur la minutte dudit Brevet : lequel Brevet ſera ledit jour qu'il ſera paſſé enregiſtré ſur un Regiſtre, qui pour cet effet demeurera en ladite Chambre commune, afin qu'il ſoit notoire : & lorſque leſdits Apprentifs ſortiront de la maiſon de leurs Maître, ledit Maître ſera tenu de venir en ladite Chambre, pour mettre le jour qu'il eſt ſorty, & mettre entre les mains deſdits Jurez le Brevet deſdits Apprentifs, pour en faire rapport pardevant le Sieur Procureur du Roy ; & en cas qu'il ſe trouvent Maîtres de Paris qui obligent des Apprentifs pour des Maîtres, tant des Fauxbourgs que des Rotiſſeurs privilegiez ſuivant la Cour, l'obligé demeurera nul, & payera pour la faute la ſomme de ſeize livres Pariſis, applicables à la Chapelle de ladite Communauté. VEU auſſi ledit Acte ſigné des ſuſnommez, duquel il Nous auroient requis l'homologation, NOUS oüy ſur ce le Procureur du Roy audit Châtelet, Avons ledit Acte d'Aſſemblée deſdits Jurez & Maîtres Rotiſſeurs de de cette Ville de Paris dattée du neuviéme Decembre dernier homologué & iceluy homologons, pour eſtre executé ſelon ſa forme & teneur pour eſtre entretenu : Ce faiſant ORDONNONS, Que dorénavant aucuns Maîtres Rotiſſeurs en cette Ville de Paris, ne pourront à l'avenir avoir en leur Boutiques que deux Apprentifs, & quand le premier aura fait la moitié de ſon temps en pourront prendre un autre, pour l'eſpace de quatre années entieres : & ne pourront leſdits Maîtres Rotiſſeurs obliger aucuns Apprentifs, qu'il n'y ſoit appellé leſdits Jurez, ou l'un d'iceux, qui ſigneront ſur la minute dudit

Brevet : lequel Brevet ſera ledit jour qu'il ſera paſſé & enregiſtré ſu leur Regiſtre, qui pour cet effet demeurera en ladite Chambre commune , afin qu'il ſoit notoire : & lorſque leſdits Apprentifs ſortiront de la maiſon de leur Maîtres, ledit Maître ſera tenu de venir en ladite Chambre , pour mettre le jour qu'il eſt ſorty & mettre entre les mains deſdits Jurez le Brevet deſdits Apprentifs pour en faire rapport pardevant ledit ſieur Procureur du Roy , & en cas qu'il ſe trouvent Maîtres de Paris qui obligent des Apprentifs, pour des Maîtres ; tant des Faux-bourgs que pour des Rotiſſeurs privilegiez ſuivant la Cour, ledit obligé demeurera nul, & payera ledit Maître pour la faute la ſomme de ſeize livres Pariſis , applicable à la Chapelle de ladite Communauté ; En témoin de ce Nous avons fait ſceller ces Preſentes, donnée & prononcée par Meſſire Dreux Daubray Conſeiller du Roy en ſes Conſeils & Lieutenant Civil en la Ville, Provôté & Vicomté de Paris le

cinquiéme

cinquiéme jour de Janvier mil six cens cinquante. Signé, FAVIERE, & seellée.

Omologation.
Jurez Rotisseurs.
Coudray.

EXTRAIT DES REGISTRES de la Chambre de Monsieur le Procureur du Roy au Châtelet de Paris.

Du Mercredy 5. Septembre 1635.

SUR la Requeste faite en Jugement devant Nous, par Maître Nicolas de Niclé l'aîne, Procureur d Etienne le Clerc, Maître Rotisseur au Fauxbonrg saint Germain Desprez, & les Jurez dudit métier à Paris intervenans, Demandeurs aux fins de l'Exploit fait à la Requeste dudit le Clerc, par Bouc Sergent le jour d'hier, à l'encontre de Claude Desanois, Maître Rotiſſeur à Paris Deffendeur: Parties oüies en leurs plaidoyez, & remontrances: Et aprés que le Compagnon, le ſerment de luy pris, a reconnu s'être loüé audit demandeur; & qu'à la verité ledit Deffendeur l'a loüé juſqu'à Carême-prenant, moyennant dix-huit écus, NOUS en conſequence de l'affirmation & reconnoiſſance faite par ledit Compagnon, executant les Ordonnances: AVONS, faiſant droit, tant ſur la demande dudit Demandeur, qu'intervention deſdits Jurez Rotiſſeurs, fait & faiſons déffenſes audit Deffendeur de plus commettre telle faute, n'y retirer & aloüer aucun Compagnon dudit métier, ſans le conſentement du Maître d'où il aura ſorty, ſur les peines par leſdites Ordonnances. Et pour y avoir contrevenu, condamé iceluy Déffendeur en cinquante-deux ſols Pariſis d'amende, & aux frais: Et ordonné que par corps ledit Compagnon retournera ſervir ledit Demandeur, ſon Maître; Et ce ſuivant leur convention. Fait &

ordonné par Maître Georges le Févre Avocat Substitut dudit sieur le Procureur du Roy, le jour & an que dessus. Signé, VOYSIN.

FIN.

TABLE,

De ce qui est contenu en ce Livre.

LE tout délivré à Germain Commandeur, & Antoine Trousseville, Anciens de la Communauté des Maîtres Rotisseurs de la Ville & Fauxbourgs de Paris, le Samedy 6. Decembre 1704. accompagnez de Nicolas Petit & François le Grand, aussi Anciens de leurs Communauté; & du temps de Jean Riquet, Pierre Subtil, Nicolas Hordel; & Nicolas Dervel; Jurez de present en Charge.

www.ingramcontent.com/pod-product-compliance
Ingram Content Group UK Ltd.
Pitfield, Milton Keynes, MK11 3LW, UK
UKHW021555260726
13993UKWH00002B/843